AF462026

METHODE PHONOMIMIQUE D'AUGUSTIN GROSSELIN

# RÉCITS ENFANTINS



TEXTES EXPLICATIFS

SERVANT D'EXERCICES DE LECTURE COURANTE

ET CORRESPONDANT AUX 32 ÉLÉMENTS PHONÉTIQUES

PERSONNIFIÉS PAR LA PHONOMIMIE

PAR

Mlle GAUDON

DIRECTRICE DE L'ÉCOLE MATERNELLE, RUE DE L'ARBALÈTE, 41

ILLUSTRÉS DE 32 DESSINS

PAR

TIRET BOGNET

PICARD, LIBRAIRE-EDITEUR. — 82, RUE BONAPARTE, PARIS.

Récits
Enfantins
par
Mademoiselle Gaudon.
Des
par
Tiret-Bognet

Paris-Auteuil, imprimerie des Apprentis orphelins. — Roussel.

40, rue La Fontaine, 40.

# PRÉFACE

En imaginant le procédé phonomimique, feu M. AUGUSTIN GROSSELIN s'était proposé pour but de rendre l'étude de la lecture accessible à de tout jeunes enfants. Cette étude, dont les vieilles méthodes, avec leur sécheresse et leur monotonie, ont fait le supplice de notre enfance, il s'est ingénié à la rendre attrayante, comprenant fort bien que si on veut la faire commencer de bonne heure, il est indispensable de se conformer aux besoins et aux tendances du premier âge, en la présentant presque sous la forme d'un jeu. S'inspirant des principes de la mnémonique, entre la parole et l'écriture, entre le *son* et la *lettre*, il a cherché et trouvé un heureux intermédiaire; le signe manuel qui rattache l'un à l'autre.

A chaque son, à chaque articulation du langage correspond un geste de la main destiné à évoquer le souvenir du signe écrit, de la lettre.

D'autre part, les gestes manuels représentant les sons, ont été choisis de telle sorte qu'une relation naturelle, empruntée aux idées et aux faits les plus familiers à l'enfant, relie dans son esprit le son et le signe.

Ce n'est pas ici le lieu de décrire en détail le fonctionnement de cette ingénieuse combinaison, si simple, si commode dans la pratique; il est exposé avec tout le développement nécessaire dans le *Manuel de la phonomimie* (1).

Quant à l'animation que l'emploi de ce procédé introduit dans les exercices, quant à l'attrait qu'y trouvent les petits élèves, on peut s'en rendre compte en observant, à la leçon, leurs petits visages attentifs à la fois et souriants.

Lorsqu'il s'agit d'enseigner aux enfants le signe manuel correspondant à un son de la voix, le principe même sur lequel M. Augustin Grosselin appuyait son procédé, conduisait à présenter à l'enfant l'idée qui rattache l'un à l'autre, sous la forme attrayante d'un petit récit, autant que possible bref, simple, animé surtout; car l'enfant se souvient bien de ce qui lui a plu; et ce qui lui plaît

(1) Chez Picard, libraire-éditeur, rue Bonaparte, 82, Paris.

par-dessus tout, c'est l'*action*. Ces petits êtres vifs et mobiles sont si entraînés vers ce qui est mouvement et vie!

Un récit donc, une historiette qui soit une action naïve, à la portée de leur âge et dans la donnée de leurs préoccupations habituelles; une action où les rôles appartiennent de préférence à des enfants, afin que chacun de ces petits élèves s'y intéresse davantage, s'y mêle même, y prenne part en imagination : voilà le moyen le plus sûr de graver dans la mémoire, avec l'historiette et à sa suite, tout ce qu'il vous semblera bon d'y rattacher, en particulier le souvenir du son émis, du geste manuel, du signe écrit.

Mais, comme il importe que l'œil de l'enfant soit frappé en même temps que son oreille et son imagination, il fallait que le dessin interprétât l'historiette, que l'image vînt en aide au récit.

Ainsi est née l'idée de ce petit *Album* que nous offrons aux enfants.

On leur lira le récit ; on le leur expliquera ; on leur montrera l'image ; on leur fera désigner les personnages.

Au moyen de quelques questions, on fixera dans leur souvenir le son, le geste imitatif. Si l'enfant a pris plaisir à regarder la gravure, plus tard il voudra déchiffrer lui-même le texte; on lui en fera tirer la morale. Enfin, nos petits récits peuvent servir de textes pour les exercices d'écriture courante et les premières dictées.

Un dernier mot : parmi ces historiettes, il en est trois ou quatre dont la donnée première ne nous appartient pas; nous l'avons puisée, pour notre enseignement oral, dans divers ouvrages d'éducation (1). Ces petites scènes se prêtaient fort bien à l'interprétation que nous voulions en donner; elles avaient plu singulièrement à nos petits élèves, qui les avaient pour ainsi dire adoptées; il nous eût coûté de les écarter de notre recueil pour les remplacer par d'autres qui eussent été moins heureuses sans doute.

Nous espérons donc que les auteurs voudront bien voir, dans cet emprunt, un hommage, et nous les remercions, au nom de nos enfants, du plaisir que ceux-ci ont pris à leurs gracieuses créations.

(1) *L'Horreur*, d'après un récit intitulé *le Cheval de carton; Cours d'éducation*, par Mme Pape Carpantier et M. et Mme Delon (Hachette, éditeur).
*Le Charpentier*, d'après un chant intitulé *le Pont; Causeries de la Mère*, par Frœbel.
*Le Vol de l'Oiseau*, d'après un récit intitulé *le Charmeur*; *Cours d'éducation*, par Mme Pape Carpantier et M. et Mme Delon.
*Le Sourd*, d'après le récit intitulé *la Fête de Grand'Mère*; *Cours d'éducation*, par Mme Pape Carpantier et M. et Mme Delon.

CHANT DE L'ALPHABET
PAR AUGUSTIN GROSSELIN
CHANT
PIANO.
Quel cri jo - yeux pousse un en - fant. A l'as - pect d'un jou - jou plai - sant? E - cou - te bien! Ah! En - tends-tu bien, en - tends - tu bien.

# CHANT DE L'ALPHABET (1)

**1.** **Quel cri joyeux pousse un enfant**
**A l'aspect d'un joujou plaisant ?**
**Ecoute bien :**
**Ah!... ah!...** (*a*)
**Entends-tu bien ? Entends-tu bien ?**

**2.** **Que dit-on à l'événement**
**Qui nous frappe d'étonnement?**
Ecoute bien :
Ho!... Ho!... (*o*)
Entends-tu bien ? Entends-tu bien ?

**3.** Que disons-nous pour exciter
Un cheval qui veut s'arrêter ?
Ecoute bien :
Hue!... Hue!... (*u*)
Entends-tu bien ? Entends-tu bien ?

**4.** Las de courir et s'arrêtant
Que dit l'enfant tout haletant ?
Ecoute bien :
Heu!... Heu!.... (*e*)
Entends-tu bien ? Entends-tu bien ?

**5.** **Si je dois appeler de loin,**
**De crier fort il est besoin.**
Ecoute bien :
Hé!... Hé!... (*é*)
**Entends-tu bien ? Entends-tu bien ?**

**6.** **Dis-moi le bruit que tu feras**
**Quand de tout ton cœur tu riras.**
**Ecoutebien :**
**Hi!... Hi!...** (*i*)
**Entends-tu bien ? Entends-tu bien ?**

**7.** **Quel bruit fait le vent en soufflant**
**Ou l'oiseau craintif s'envolant ?**
Ecoute bien :
V...e! V...e! (*v*)
Entends-tu bien ? Entends-tu bien ?

**8.** **Quand elle défend ses petits,**
**De la chatte quels sont les cris?**
Ecoute bien :
F...e! F...e! (*f*)
Entends-tu bien ? Entends-tu bien ?

**9.** **Quand l'eau coule sur le gazon,**
**Quelle est sa tranquille chanson ?**
Ecoute bien :
L...e! L...e! (*l*)
Entends-tu bien ? Entends-tu bien ?

**10.** Quel bruit fait le chariot roulant
Sur le pavé retentissant ?
Ecoute bien :
R...e! R...e! (*r*)
Entends-tu bien ? Entends-tu bien !

**11.** Que dit la vache quand son veau
Est emmené loin du troupeau ?
Ecoute bien :
M...e! M...e! (*m*)
Entends-tu bien ? Entends-tu bien ?

**12.** Comment s'annonce le serpent
Qui dans l'herbe avance en rampant ?
Ecoute bien :
S...e! S...e! (*s*)
Entends-tu bien ? Entends-tu bien ?

**13.** **Que dit le zéphyr caressant**
**Dans le feuillage se glissant ?**
Ecoute bien :
Z...e! Z...e! (*z*)
Entends-tu bien ? Entends-tu bien ?

**14.** Que dit le jet d'eau jaillissant
De son tube étroit s'élançant ?
Ecoute bien :
J...e! J ..e! (*j*)
Entends-tu bien ? Entends-tu bien ?

**15.** Quand, le soir, ils rentrent des champs
Quel est le cri des bœufs beuglants ?
Ecoute bien :
B...e! B.. e! (*b*)
Entends-tu bien ? Entends-tu bien ?

(1) **La personne qui préside aux jeux des enfants, ou l'un de ces enfants, chante les deux premiers vers de chaque couplet. Tous les autres enfants, en chœur, chantent :** ***Ecoute bien!*** **disent avec gestes et sons de voix imitatifs le son ou l'articulation qui fait l'objet du couplet, puis chantent :** ***Entends-tu bien? Entends-tu bien?***

16. On souffle la plume légère,
Comme on soufflerait la poussière.
Ecoute bien :
P...e! P...e! (*p*)
Entends-tu bien? Entends-tu bien?

17. Quand l'enfant s'endort dans ses bras
Que chante la mère tout bas?
Ecoute bien :
D...e! D...e! (*d*)
Entends-tu bien? Entends-tu bien?

18. Dans son mouvement régulier,
Que répète le balancier?
Ecoute bien :
T...e! T...e! (*t*)
Entends tu bien? Entends-tu bien?

19. Que dit un enfant s'étranglant
En avalant gloutonnement?
Ecoute bien :
Gue! Gue! (*g*)
Entends-tu bien? Entends-tu bien?

20. Jeune coq, essayant ta voix,
Que dis-tu la première fois?
Ecoute bien :
K...e! K...e! (*c, q, k*)
Entends-tu bien? Entends-tu bien?

21. Deux fois ennuyeux le bavard
Qui parle d'un ton nasillard.
Ecoute bien :
N...e! N...e! (*n*)
Entends-tu bien? Entends-tu bien?

22. Que répète un enfant sans cœur
Excitant des chiens en fureur?
Ecoute bien :
X...e! X...e! (*x*)
Entends-tu bien? Entends-tu bien?

23. Avec quel cri le loup hurlant
Fait-il fuir le troupeau bêlant?
Ecoute bien :
Hou!... Hou!... (*ou*)
Entends-tu bien? Entends-tu bien?

24. Que dit le chien, quand dans les bois,
Il poursuit le cerf aux abois?
Ecoute bien :
Ouah!... Ouah! (*oi*)
Entends-tu bien? Entends-tu bien?

25. Que nous dit, d'un ton menaçant,
Le maître qui nous voit causant?
Ecoute bien :
Ch...e! Ch...e! (*ch*)
Entends-tu bien? Entends-tu bien?

26. Accusant faussement sa sœur,
Que dit le petit pleurnicheur?
Ecoute bien :
Gn...e! Gn...e! (*gn*)
Entends-tu bien? Entends-tu bien?

27. Pour s'exciter à son métier
Que répète le charpentier?
Ecoute bien :
Han!... Han!... (*an*)
Entends-tu bien? Entends-tu bien?

28. Quand de la voix on perd le ton
Pour qu'on répète que dit-on?
Ecoute bien :
Hon!... Hon!... (*on*)
Entends-tu bien? Entends-tu bien?

29. Que dit, penché sur son pétrin,
Le boulanger qui fait le pain?
Ecoute bien :
Hin!... Hin...!
Entends-tu bien? Entends-tu bien?

30. Au petit menteur importun
Que répondra toujours chacun?
Ecoute bien :
Hum!... Hum!... (*um*)
Entends-tu bien? Entends-tu bien?

31. Comment pleure un enfant chagrin
Qui pour dîner n'a que du pain?
Ecoute bien :
Ye...! Ye...! (*y*)
Entends-tu bien? Entends-tu bien?

32. Dis-moi quel bruit nous entendons
Lorsque l'eau bout à gros bouillons.
Ecoute bien :
Ill...e! Ill...e! (*ill*)
Entends-tu bien? Entends-tu bien?

I

## L'ADMIRATION

Voilà une grande poupée que la maman de Lucie a déposée sur la table pour les étrennes de sa petite fille. Lucie, toute joyeuse, fait un geste d'admiration et s'écrie :

— Ah!

Elle est très-jolie, en effet, cette poupée, avec ses grands yeux et sa bouche souriante, sa chevelure frisée, sa petite robe simple, mais bien faite à sa taille, ses jolies bottines à ses petits pieds. Lucie est heureuse de recevoir la récompense de son travail de toute l'année. Elle est surtout satisfaite d'avoir contenté sa mère. Puis quelle joie! elle habillera elle-même sa poupée!

Si Lucie avait été paresseuse, elle n'eût point appris à coudre; elle eût été privée du plaisir de renouveler elle-même les vêtements de sa jolie poupée.

Du travail naît le plaisir.

L'ADMIRATION

## II

# L'HORREUR

Voyez ces deux frères qui se disputent un cheval de carton, chacun veut l'avoir à soi tout seul.

— Ce cheval est à moi ! dit Paul.

— Non, il est à moi, s'écrie Auguste.

— Le lâcheras-tu ?

— Veux-tu le laisser !

Et tous deux, les cheveux hérissés, la figure toute rouge de colère, tiennent le cheval, l'un par les pieds, l'autre par la tête, et ils tirent de toutes leurs forces, chacun de son côté.

Qu'arrivera-t-il, si la querelle continue ? Le cheval sera brisé et n'appartiendra à personne.

Le père de ces enfants entrait dans la chambre ; il s'arrête sur le seuil de la porte.

Voyez son geste d'étonnement et de blâme.

— Oh ! s'écrie-t-il indigné.

Il ne peut en dire davantage, tant il est surpris et attristé de voir ses enfants se disputer au lieu de s'accorder comme de bons frères. (1)

(1) D'après le récit intitulé *Comment finit la bataille,* du Cours d'Education par Mme Pape Carpantier, M. et Mme C. Delon.

L'HORREUR

III

# LE COCHER

Dans la grande allée sablée du jardin, Eugène et Jules jouent de tout leur cœur. Ils ont vu passer la voiture du voisin; le cocher faisait claquer son fouet, le cheval trottait avec vitesse.

— Quel plaisir, se disaient-ils, si on était là-dedans!

Mais quoi! voici le petit traîneau qui représente fort bien une voiture.

Eugène veut bien être le cheval, et il tire de son mieux.

Jules est le cocher; il brandit une branche d'osier et crie :

— Hue! hue!

Mais, tout à l'heure, le cheval va devenir cocher à son tour : Jules cédera de bonne grâce sa place à Eugène, qui désire vivement, lui aussi, faire claquer dans l'air le fouet improvisé.

Si même dans le jeu, chacun ne mettait complaisance et justice, adieu le jeu, la joie, le plaisir.

LE PETIT COCHER

IV

# LA FATIGUE

Lisette vient de sortir de la classe. De la porte, elle s'est élancée au bout du jardin pour s'emparer la première du banc qui est là-bas sous les lilas.

Elle a tant couru, tant couru ! La voilà tout essoufflée. !.......

— J'y suis ! voudrait-elle s'écrier !..... Mais elle ne peut plus parler. Elle respire avec effort :

— Heu ! heu !

Elle porte la main à sa poitrine ; sa respiration est haletante; son petit cœur bat à grands coups : toc ! toc !

— La, la, doucement, mon enfant; calmez-vous; essuyez la sueur de votre front, et, tandis que vos compagnes vont se mettre à leurs jeux, reposez-vous un peu sur ce banc. Et que ceci vous apprenne que pour le petit plaisir d'arriver la première, s'il vous plait de courir, au moins ne faut-il pas courir jusqu'à perdre haleine.

LA FATIGUE

VI

## L'APPEL

---

La petite Françoise et Paul sont tout au bout de la prairie et courent après les papillons.

Leur grande sœur Juliette les appelle de loin de toutes ses forces :

— Hé! Françoise et Paul, accourez.

Et les voilà qui accourent en bondissant joyeusement.

C'est que Juliette et la maman viennent apporter aux enfants leur déjeuner de laitage. On va s'asseoir sous les arbres, la serviette blanche sera étendue sur l'herbe; on posera dessus le pain, le beurre, le lait, les fruits : quelle charmante dînette! et comme on a bon appétit quand on s'est levé matin et qu'on a pris de l'exercice!

Les deux enfants vont, bien sûr, remercier affectueusement leur mère et embrasser tendrement leur bonne grande sœur.

L'APPEL

VI

# LE RIRE

Voilà la grand'mère d'Olga qui tricote des bas pour sa petite-fille.

Olga lui fait la lecture pendant qu'elle travaille. De temps en temps, l'enfant s'interrompt pour regarder le petit chat qui joue avec la pelote de laine.

Il a renversé la corbeille; la pelote a roulé sur le tapis, et Minet s'élance pour l'atteindre.

La grand'mère veut le gronder; mais il est si gentil, le petit chat, et Olga rit de si bon cœur avec un petit *hi! hi!* si éclatant et si joyeux que la grand'mère finit par rire avec elle.

Et Minet, qui bondit en poursuivant la pelote, a l'air joyeux aussi.

La petite Olga va courir après Minet, lui retirer la pelote des griffes; puis il faudra qu'elle débrouille avec patience la laine que le gentil animal a tout emmêlée.

LE RIRE

## VII

# LE VOL DE L'OISEAU

Les promeneurs habituels du jardin du Luxembourg y voient souvent un vieux monsieur entouré d'oiseaux qui sautillent et voltigent autour de lui, le suivant par les allées (1).

— Que faites-vous donc pour les attirer; lui demandait un jour Marguerite.

— Je leur jette des miettes de pain, mon enfant.

— Oh! bien alors, moi aussi, je vais les faire venir.

Et la fillette se met à les appeler à grands cris : — Petits! petits! en faisant de grands mouvements de bras pour leur jeter des miettes de sa brioche.

Mais quoi ! tous s'enfuient effrayés, avec un bruit d'ailes : *vvv.....*; pas un ne vient.

— Petits ingrats! disait Marguerite.

— Mon enfant, dit le vieux monsieur, les oiseaux sont fort gentils, mais ils sont timides; il fallait leur offrir votre brioche sans bruit, doucement, comme moi.

Souvenez-vous de ceci; et plus tard, sachez donner de bonne grâce et avec discrétion.

(1) D'après le Récit intitulé *le Charmeur d'Oiseaux* du Cours d'Education, par Mme Pape Carpantier, M. et Mme C. Delon.

LE VOL DE L'OISEAU

VIII

## LE CHAT FACHÉ

Minette est bonne et douce; elle se laisse caresser volontiers, prendre dans les bras; elle joue avec son petit maître; elle fait entendre des *ron ron* joyeux quand on lui passe la main sur le dos.

Autour d'elle, ses trois petits chats gambadent gaiement et jouent avec sa queue.

Ils sont si jolis! Jules a voulu en prendre un pour le caresser. Mais Minette n'entend pas qu'on y touche! Elle se fâche; elle allonge la griffe en faisant entendre un *fff... fff...* plein de colère.

Sans doute elle croit que Jules vient lui emporter son petit, et elle s'apprête à le défendre.

Ne te fâche pas, bonne Minette, Jules ne fera pas de mal à ton petit chat; il va te le rendre bien vite.

LE CHAT FACHE

IX

# L'EAU QUI COULE

— Comme il est joli, le petit ruisseau qui coule au bas du jardin ! Ecoute son petit bruit ; il dit : *lìì*..... Et l'eau fuit, comme cela, entre les herbes.

Et Lucile imitait de la main le mouvement tranquille de l'eau glissant sur la pente légère.

— Il ne fait pas grand tapage le petit ruisseau, dit le père; mais comme il est utile ! Il arrose le jardin, puis la prairie; il remplit le lavoir, et là-bas il fait tourner la roue du moulin.

Sans lui, le jardin serait aride, l'herbe de la prairie jaunirait, le lavoir resterait à sec et la roue du moulin ne tournerait pas.

C'est l'image des gens discrets et bons qui rendent service à tous et n'en font pas plus de bruit.

L'EAU DU RUISSEAU

## X

# LA ROUE QUI TOURNE

---

Dans la chambre, près de la porte large ouverte, au soleil, tout près du jardin, la vieille Marguerite était assise et faisait aller son rouet. Elle tirait délicatement entre ses doigts habiles un joli fil de laine blanc et fin.

— Viens voir comment on file ! s'écriait Marie en entraînant son frère Paul dans la chambre.

On fait tourner la roue comme ceci, disait-elle en imitant le mouvement de la main faisant tourner la roue, et le petit *rrr... rrr...* que fait le rouet.

Je vais t'expliquer comment la bobine roule, comment le fil se tord.

Mais Paul l'étourdi interrompit la gentille leçon.

— Viens jouer, dit-il; je suis un homme, moi; je n'ai pas besoin d'apprendre à filer.

— Il est toujours utile de savoir comment se fait le travail, mon enfant, dit la bonne Marguerite.

Elle avait bien raison; et je crois que mon ami Paul a dû plus tard apprendre comment le fil se fait, car il travaille aujourd'hui dans une grande filature (1).

(1) Fabrique de fil

LE ROUET

# XI

## LA VACHE

Voici que la fermière trait la vache pour avoir du bon lait frais au déjeuner des enfants; elle presse doucement la mamelle entre ses doigts.

Jules et son petit cousin Lucien la regardent.

La bonne et patiente bête se laisse volontiers traire; mais voilà que tout à coup elle se met à pousser de sourds mugissements : *Meuh! Meuh!*

Lucien a peur et s'enfuit. Jules rit aux éclats.

— Elle ne te mangera pas, va!

— Et pourquoi fait elle *Meuh*? dit Lucien, se rapprochant peu à peu.

— Elle appelle son veau, répond la fermière; elle est impatiente de sortir de l'étable pour aller paître dans la prairie, tandis que son petit viendra brouter l'herbe et gambader autour d'elle.

LA VACHE

## XII

# LE SERPENT

Les écoliers sont en promenade; ils jouent dans la prairie, ils se cachent derrière les buissons. Tout à coup, quels cris d'effroi !

— Ah ! que j'ai eu peur ! Tenez, là... là... s'écrient en accourant tout essoufflés Robert, Georges et le petit Henry.

Et ils montraient le buisson d'osier derrière lequel ils s'étaient cachés.

— Eh bien ! qu'y a-t-il ?

— Un serpent ! nous l'avons vu ! Il était vert, énorme, long comme le bras ! Il s'est dressé en sifflant... *sss... sss...* Puis tout à coup il a glissé dans l'herbe en se tortillant, il a disparu sous le feuillage.

Et les enfants, pour mieux dépeindre la cause de leur frayeur, imitaient de la main le mouvement onduleux du serpent qui se glisse sur la terre en rampant.

— Enfants, dit le maître en souriant, ce que vous avez vu, c'est une inoffensive et timide couleuvre. La vipère dangereuse, les serpents venimeux dont on peut craindre la morsure n'habitent point notre belle prairie. Jouez donc sans crainte parmi l'herbe et les fleurs !

LE SERPENT

XIII

# LE ZÉPHYR

Comme on est bien au jardin assis sur l'herbe par un beau jour d'été! Voici Alphonse sous le grand arbre, qui étudie sa leçon. Son petit frère Georges, assis auprès de lui, fait des guirlandes de fleurs et des bouquets.

Tout à coup, il se lève d'un air effrayé; il fait tomber les fleurs qu'il avait sur ses genoux. Georges a entendu un bruit léger; il a eu peur.

Qu'est-ce donc? Personne n'est au jardin. Georges prétend que *c'est une bête.*

— Poltron! C'est le vent qui s'élève et qui agite les feuilles; tiens, comme ceci, ajoute le grand frère en imitant avec la main le mouvement des branches agitées par le zéphyr, et le petit frôlement *zzz...* du feuillage.

Georges est rassuré, mais il a eu un peu honte. Il se promet de devenir brave comme un grenadier.

LE ZÉPHYR

XIV

## LE JET D'EAU

Dans le jardin, devant la maison, il y a un jet d'eau. Au milieu du bassin rond, l'eau sort par un petit tuyau; elle s'élance dans l'air, puis elle retombe en pluie dans le bassin.

La petite Marie, qui voit cela pour la première fois, est en admiration devant le jet d'eau.

— Vois donc, cousine Laure, comme l'eau monte haut en l'air! Entends-tu le petit bruit qu'elle fait : *jjj*...?

Et la gentille enfant imite le petit bruit *jjj*... et montre de son doigt levé la direction de l'eau qui s'élance.

— Mais pourquoi donc l'eau monte-t-elle en l'air? je veux le savoir, dit-elle; je vais le demander à mon oncle, qui sait tout.

— Inutile, dit Laure gravement, je vais t'expliquer, moi. On a mis sous la terre un gros tuyau très-long, qui va jusqu'à une grande cuve là-bas, pleine d'eau. L'eau vient de la cuve par le tuyau, et alors, en sortant, elle s'élance, elle monte!

— Mais me dirais-tu bien pourquoi l'eau monte quand elle sort par ce tuyau, tandis qu'elle descend quand elle sort par le tuyau de la pompe? dit l'oncle, qui arrive au même instant.

Laure n'avait pas pensé à cela. Elle voit que son explication n'est pas complète, et elle n'en sait pas plus long.

— Tu apprendras cela plus tard, ma petite Laure, ajouta le bon oncle en souriant; mais, quand on veut faire le professeur, il faut être bien sûr de savoir soi-même ce qu'on prétend apprendre aux autres.

LE JET D'EAU

XV

## LE BŒUF

C'est un jour d'octobre; il est grand matin, et déjà les bœufs sont au travail. Le bouvier les a attelés deux à deux à la charrue; il les touche légèrement de sa longue gaule, pour hâter leur marche pesante; il chante.

Les bœufs, à sa voix, avancent à pas lents; la charrue, tirée avec effort, trace de profonds sillons.

— J'ai peur, disait le petit Paul, j'ai peur de ces grosses bêtes-là.

Et, pour indiquer ce qui l'effrayait, de sa main il simulait les cornes menaçantes et faisait entendre un beuglement furieux : *Beuh !*

— Oh! ne crains rien, petit Paul, lui dit son grand cousin Claude, nos bœufs ne sont pas méchants; et ils ne se serviraient de leurs cornes que pour se défendre, si quelques loups les attaquaient. Ils sont forts, ils travaillent patiemment à creuser nos sillons, où germera le blé qui servira plus tard à faire le pain que nous mangeons.

LE BŒUF

XVI

# LE SOUFFLE

En jouant dans la cour de la ferme, Louis a ramassé une plume tombée de l'aile d'une poule.

Il admire cette plume délicate et légère, il se plaît à la faire voltiger. Il la pose sur sa main, et d'un souffle... *peuh!* Il la fait envoler. Tout à coup, un oiseau, passant d'un vol rapide, saisit dans l'air le duvet voltigeant et l'emporte dans son bec.

— Ne la regrette pas, mon petit Louis; ne regrette pas le jouet léger ; le petit oiseau qui l'a dérobé l'emporte vers son nid pour garnir la petite couchette de mousse où écloront les œufs, où dormiront ses petits, chaudement abrités sous les ailes de la mère.

LE SOUFFLE

## XVII

# LE BERCEMENT

Emilie voudrait bien aller jouer dans la cour avec ses petites voisines; mais son petit frère crie et s'agite dans son berceau.

La mère fait asseoir la fillette, et lui pose l'enfant sur les bras. Emilie le soutient doucement, lui sourit, et le berce en lui chantant : — *Do do*, à demi-voix.

Le petit est déjà consolé ; il va s'endormir.

— Quand tu étais à cet âge, ma chère enfant, dit la mère, ta sœur aînée te berçait aussi sur ses genoux, et t'endormait avec ses chants. Maintenant, c'est à ton tour, n'est-ce pas ? et tu dois en être heureuse.

Les soins que nous avons reçus des uns, il faut les rendre aux autres.

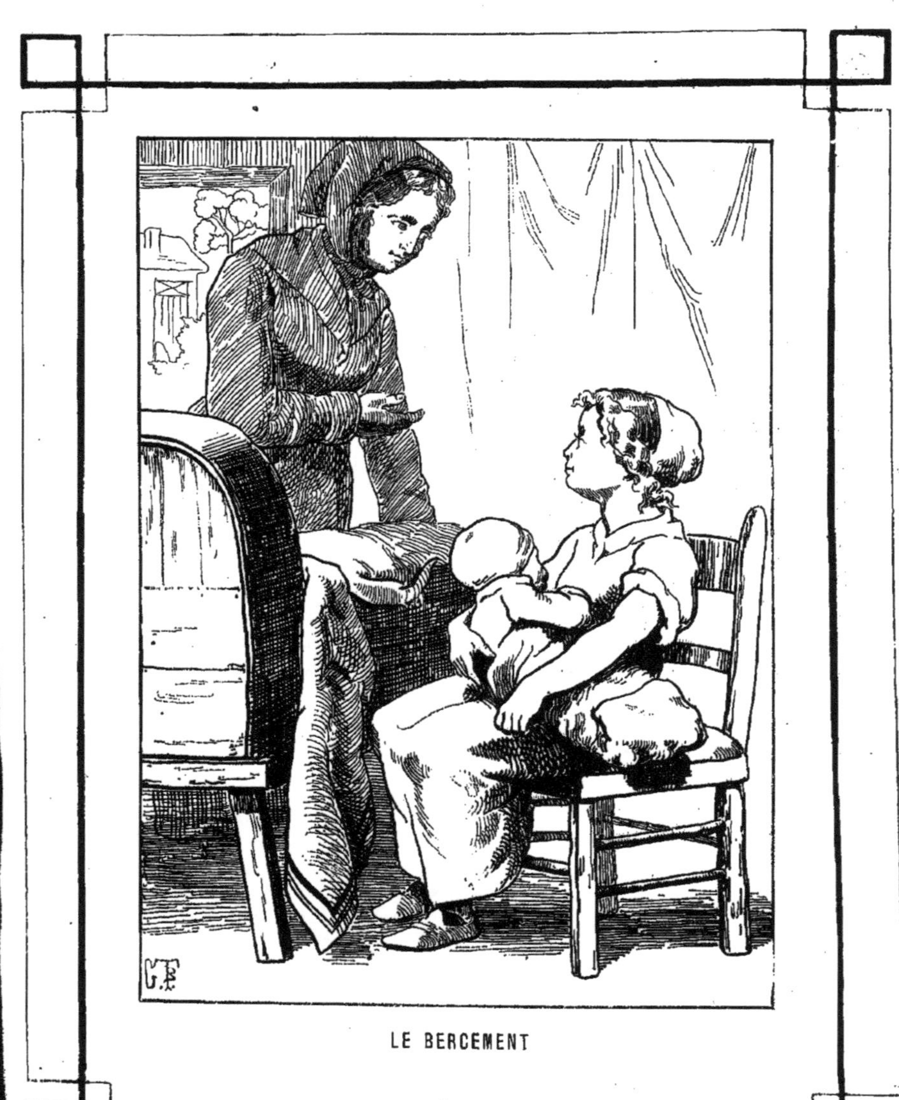

LE BERCEMENT

## XVIII

# LE BALANCIER

Te... te... te... dit le balancier de l'horloge suspendue au mur. Et l'aiguille avance, mais si lentement, si lentement, qu'on ne la voit pas bouger.

— Ce ne sera donc jamais tantôt, s'écrie avec impatience la petite Annette. Tantôt je dois aller à la promenade avec ma cousine. Quel plaisir ! Dans le pré, dans le jardin, nous courrons, nous ferons la dînette ! Ah ! que je voudrais être à tantôt ! Et midi qui ne vient pas ! Cette méchante horloge avec son *te... te...* (et elle imitait de sa petite main le balancier), elle ne va pas ; l'aiguille est arrêtée sans doute. Père, si tu voulais la faire aller plus vite ?

— Mon enfant, le temps n'irait pas plus vite pour cela. Mais tiens, en attendant, apprends ta petite fable ; l'heure passera sans que tu t'en aperçoives ; tu seras étonnée lorsque midi sonnera pour t'appeler au plaisir.

Le temps n'est jamais long pour qui sait s'occuper.

LE BALANCIER

XIX

# L'ÉTRANGLEMENT

On l'avait averti, pourtant! On lui avait bien dit de ne pas toucher aux fleurs du jardin! surtout de ne jamais porter à sa bouche les fruits qu'il ne connaissait pas.

Mais Henry, l'étourdi, l'oublieux, a vu sur un arbrisseau de jolis fruits semblables à de petites cerises rouges et brillantes.

— Comme ils ont l'air appétissants, pensait-il, ces petits fruits! Certainement, ils doivent être très-bons. Ils sont si jolis!

Et il a voulu y goûter.

Mais à peine en a-t-il mis un dans sa bouche..... Ah! quel goût affreux! il le rejette bien vite; mais sa bouche le brûle comme du feu.

Sa mère est accourue tout effrayée; Henry lui montre du geste sa gorge serrée, sa respiration est comme un hoquet : *gue... gue...* Il lui semble qu'il va étouffer.

Rassurez-vous; ce ne sera rien. Mais s'il avait avalé ce joli fruit qui était un dangereux poison, il eût sans doute été très-malade.

Et maintenant il se promet bien, j'en suis sûre, de ne plus juger les choses sur la mine.

L'ETRANGLEMENT

## XX

## LE PETIT COQ (FABLE)

Il était un petit coq qui se prétendait maître et roi de toute la basse-cour. Il se dressait sur ses pattes, hérissait ses plumes et se battait les flancs avec ses ailes. Il secouait sa petite crête naissante, d'un air menaçant. N'ayant pas encore la force de faire entendre un beau *cocorico* sonore et retentissant, il s'épuisait à lancer des *ke... kè...* étranglés, sans pouvoir aller jusqu'au bout. Tout le monde s'en moquait.

Un jour, une vieille poule, lassée de ses façons, de deux rudes coups de bec, corrigea le petit fanfaron, qui s'enfuit en criant et alla se cacher au fond du poulailler.

Cette fable, je l'ai racontée maintes fois à mes petits élèves; elle les fait bien rire. Et tous aussi en ont bien deviné la morale; car si parfois l'un d'eux est pris à se vanter, ou prétend dominer ses camarades dans leurs jeux, je n'ai qu'à porter ma main à mon front, comme pour simuler la crête du coq.

Chacun comprend, et je n'ai pas besoin d'en dire davantage.

LA CRÊTE DU COQ

XXI

## LE NASILLEMENT

— Dis donc : une nappe, une natte, un navet, un navire, un âne, un renard, un canard, un hanneton. Demande un canif, une panade, un ananas. Appelle Aline, Anna, Nathalie.

Et Mariette d'éclater de rire à chaque mot que Frédéric répète tout de travers.

Frédéric rit aussi de bon cœur, parce qu'il est joyeux de n'être plus au lit et d'être pour la première fois assis dans le fauteuil, Mariette jouant avec lui.

— Et pourtant, dit-il, je prononce très-bien : serviette, tapis, carotte, bateau, cheval, loup, cage, abeille, couteau, soupe, datte. J'appelle clairement : Louise, Nanon... Ah! non, pas celle-là; pourquoi donc?

C'est que monsieur Frédéric, pour avoir sorti l'autre jour, malgré sa maman, par un temps humide, a pris un gros rhume. Il lui a fallu rester quelques jours au lit, et, maintenant encore, il a le nez tout bouché, il ne peut pas prononcer les sons qui doivent sortir par le nez, il nasille; il ne peut pas dire comme il faut les mots où il y a des *n*.

Et Mariette, qui lui cherche ces mots-là tout exprès, rit à perdre haleine, et, d'un air narquois, montre sa narine.

LE NASILLEMENT

XXII

# L'EXCITATION

— Là! là! Médor! Ksss... ksss... — Kss... kss..., Azor apporte-le, mon chien! »

Ainsi disent ces deux méchants petits écoliers, espiègles et gamins. Et de la voix, du geste, indiquant du doigt l'adversaire, chacun excite son chien au combat.

Les deux chiens (peut-être croient-ils défendre leurs maîtres), les deux chiens se regardent en grognant, montrent les dents et semblent prêts à s'élancer l'un sur l'autre.

Ah! ce n'est pas bien, n'est-ce pas, mes enfants? C'est ce que pensait le petit Paul qui passait, allant bien vite à l'école. Il prend dans son panier un morceau de pain de son déjeûner, le brise en deux, et offre de chaque main une part aux deux chiens.

Ceux-ci, naturellement, viennent prendre le pain, sans plus songer à la querelle.

— Ils sont de mon avis; ils pensent que le pain vaut mieux que la bataille, dit Paul.

Puis se tournant vers les deux écoliers interloqués :

— Et maintenant, Messieurs, dit-il en raillant, s'il y a quelque chose entre vous, réglez vous-même votre affaire.

C'est ce qu'ils ne feront pas, je pense.

L'EXCITATION

## XXIII

# LE LOUP

— *Hou! hou!* le loup! Le vois-tu, comme il emporte le mouton? Ça mord, va! un loup! tiens, comme ça... *hou!!* »

Voilà la leçon d'histoire naturelle que M. Albert faisait à sa petite sœur Jeanne, qui regardait, un peu effrayée, le grand tableau où on voyait un loup emportant un agneau. Mais un gros chien se jetait sur le loup pour lui faire lâcher prise, tandis que le berger accourait avec son fusil.

Et maître Albert ajoutait: — Veux-tu? nous allons jouer au loup. Je serai le loup; toi, tu seras le mouton; les chaises, là-bas, c'est ma forêt; la chambre, à côté, c'est ta prairie. Va dans ta prairie. Je vais hurler: « hou! hou! »

Jeanne passe dans l'autre chambre; mais elle tient la porte entr'ouverte, et dit à M. Albert: — Je veux bien jouer au loup: je veux bien être le mouton, mais à une condition: c'est que mon grand frère Paul sera le chien.....

LE LOUP

XXIV

# LE CHIEN

— Nous sommes à la chasse. Moi, je suis le chasseur, dit le fougueux Camille; Médor est mon chien; Minette est le gibier. Médor va courir après elle, comme le chien du chasseur après le cerf, en aboyant : *Ouah ! ouah !* et bondissant comme ceci : «Hop ! hop ! »

— Va, Médor, va donc ! ouah ! ouah ! Au chat ! au chat ! Cours, Minette !

Mais le pacifique Médor n'entend rien à ce jeu-là ; Minette est son amie, il n'a garde de la poursuivre ; Minette se trouve bien sur sa chaise et ne veut pas s'échapper.

— Tu crois donc, Monsieur le chasseur, dit alors la sœur raisonnable, que parce qu'il te plaît de faire *la battue*, c'est à qui se fera ton chien, à qui se fera ton gibier ?

LE CHIEN *

XXV

## LE SILENCE

Lucien, qui revient de la promenade, se précipite, joyeux et turbulent, dans la chambre.

— Mère, s'écrie-t-il, j'ai vu..... si tu savais! ...

— *Ch...* dit la mère, en mettant un doigt sur ses lèvres et lui coupant la parole. Et, à demi-voix : — Silence donc, étourdi ! Ne vois-tu pas que la petite Thérèse s'endort sur mes genoux !

L'enfant s'arrête; il regarde sa petite sœur endormie. Oh ! s'il l'avait réveillée, comme il serait fâché maintenant !

Il marche sur la pointe du pied; il n'ose plus dire un mot, même à l'oreille de sa maman.

Mais, en revanche, dans une heure, il aura deux fois plus de plaisir à raconter ses petites aventures.

LE SILENCE

XXVI

# L'ENFANT GROGNON

Connaissez-vous la petite Henriette? Elle est toujours de gentille humeur. Une fois pourtant... mais cette fois-là, je ne sais vraiment pas ce qu'elle avait, elle boudait, elle faisait la moue. Elle voulait pleurer et elle ne pleurait pas; elle grognait.

Ses petites amies qui étaient venues pour jouer avec elle, se lassaient de sa mine piteuse.

Minette la railleuse, contrefaisant sa figure grimaçante, faisait entendre un *gn*.....° plaintif et montrait du doigt le coin de l'œil plissé où les larmes ne voulaient point venir.

— Allons, Henriette, dit enfin la grande sœur, veux-tu rester fâchée toute la journée? Est-ce que tu as du plaisir à nous faire cette figure-là?

— Non, s'écria tout à coup Henriette, c'est trop ennuyeux d'être grognon! Ce n'est pas dans mon caractère.

Et, se jetant dans les bras de sa sœur: — Embrasse-moi; je veux être gaie et heureuse. A l'affaire de tantôt, je ne veux plus penser!

On joua jusqu'au soir; et comme Henriette eût du plaisir!

L'ENFANT GROGNON

XXVII

## LE CHARPENTIER

Louise s'élance dans la campagne; elle va cueillir un bouquet pour sa mère. Elle voit bien quelques fleurs le long des sentiers, mais les plus belles sont dans la prairie, et pour les avoir, il faudrait traverser le ruisseau.

L'enfant cherche en vain un passage; partout le courant est trop large et trop rapide. Elle reste là, embarrassée et triste.

Tout à coup elle entend frapper à coups redoublés. D'où vient ce bruit? Ce sont des charpentiers qui, levant avec effort et laissant retomber leurs lourdes haches, crient tout haletants : — *Han! han!*

— Que faites-vous? dit la petite fille.

— Mon enfant, nous faisons un pont pour traverser le ruisseau.

— Quel bonheur! s'écrie Louise, je vais donc pouvoir cueillir des fleurs dans la prairie pour ma mère!

— Le pont ne sera pas fini aujourd'hui, dit un des ouvriers en souriant; mais je vais tout de suite en faire un pour toi.

Et le charpentier jette une large planche en travers du petit ruisseau.

Louise s'élance sur le pont en remerciant l'ouvrier. Je vous laisse à penser si elle est heureuse!

LE CHARPENTIER

XXVIII

## LE SOURD

Le bon grand-père est presque sourd, toujours gai pourtant, et souriant aux trois enfants qui l'entourent.

C'est sa fête aujourd'hui.

— C'est bien heureux que la fête de grand-père soit au printemps, pense Thérèse; on ne manque pas de fleurs!

Et les enfants s'approchaient, cachant leurs bouquets derrière leur dos. Puis ils lui souhaitèrent une heureuse fête.

Le bon vieillard se penche; il prête l'oreille en disant un *Hon!* qui fait voir qu'il n'a pas entendu.

Mais il n'a pas besoin d'entendre pour comprendre, quand il voit les bouquets, quand il reçoit les baisers.

Heureux petits-enfants, aimez bien votre grand-père!

LE SOURD

## XXIX

# LE BOULANGER

La gentille Marguerite, pour la collation de ses frères, veut faire un gâteau que le boulanger cuira dans un four. Elle a demandé à sa mère de la farine, du lait, du beurre, et, de sa petite main bien proprette, elle pétrit la pâte.

Comme elle a vu le boulanger fouler sa pâte à grand effort, elle aussi se donne une peine extrême, foule de toutes ses forces en poussant des gémissements : *Hein! hein!*

— Celui qui pétrit la pâte pour une grande fournée de pain peut bien se plaindre de sa peine, dit la mère; mais toi, mignonne, tes grands gestes de bras et les soupirs que tu pousses ne feront pas ton petit gâteau plus doré.

L'embarras que l'on fait n'ajoute pas au mérite de l'ouvrage.

LE BOULANGER

# XXX

# LE DOUTE

— *Hum! hum!* Est-ce bien vrai ce que tu me dis là? disait la mère à sa petite Marie.

Et du doigt levé, d'un air soupçonneux, elle exprimait qu'il lui restait un doute.....

A ces mots, à ce signe, Marie se mit à pleurer, à pleurer toutes ses larmes.

Quelle honte et quel chagrin! On ne croyait pas ce qu'elle disait!

— Oh! c'est bien vrai, mère, je t'assure!

C'était la vérité, en effet.

— Ma pauvre enfant, lui dit sa mère, si tu n'avais pas eu la faiblesse de mentir, l'autre jour, pour t'excuser, je ne t'aurais pas soupçonnée cette fois. Tu vois l'effet d'un seul mensonge! Allons! je te crois. Essuie tes yeux, et rappelle-toi...

— Non, mère, je ne mentirai plus jamais, pour que tu ne doutes plus de ta petite fille, s'écria Marie.

Et elle tint parole.

LE. DOUTE

XXXI

## LES PLEURS

Qu'est-il arrivé à Georges? Le voilà tout en pleurs. Son pantalon est déchiré et taché de boue; les boutons de sa veste sont arrachés.

C'est que sa maman l'avait habillé pour l'emmener à la promenade, et lui avait recommandé de ne pas aller au jardin.

Georges y a descendu, malgré la défense de sa mère. En courant, son pied a heurté une pierre; il a tombé sur la terre humide. Dans sa chute, son pantalon s'est accroché à la haie.

Adieu la promenade; Georges gardera la chambre, tandis que sa mère réparera ses vêtements.

Voilà pourquoi le petit désobéissant pleure si fort.

Son grand frère, qui a le défaut d'être taquin, se moque de lui en singeant sa piteuse mine et en faisant : *Ye...! ye...!*

LES PLEURS

XXXII

## L'EAU BOUILLANTE

— Veille, Marie, sur le feu; ne le laisse pas s'éteindre, pour que le pot-au-feu bouille doucement, a dit la mère.

Et la petite Marie se dit : — Comme c'est amusant l'eau qui bout ! Une jolie vapeur blanche fait un petit nuage. L'eau danse comme ceci; elle chante en bouillonnant : *Ill... ill...* Je vais faire un grand feu pour qu'elle bouille plus fort, encore plus fort !...

Marie rapproche les tisons, elle met un fagot au feu; elle souffle, souffle, à tour de bras.

Quelle belle flamme pétille !

Et alors, l'eau bout plus fort Elle gronde, elle secoue le couvercle. On dirait qu'elle se fâche. Puis tout à coup elle déborde à gros bouillons; elle se répand sur le feu; elle éteint les charbons.

Qu'avez-vous fait, mademoiselle Marie? Ce n'est pas là ce que votre mère vous avait recommandé.

Quand l'eau bout à déborder, le bouillon ne vaut pas mieux pour cela.

L'EAU BOUILLANTE

# PUBLICATIONS

## RELATIVES A LA MÉTHODE PHONOMIMIQUE

### LIBRAIRIE ALPHONSE PICARD

32, RUE BONAPARTE, A PARIS

**Manuel de la méthode phonomimique**, ou Guide détaillé de l'instituteur pour l'emploi des procédés d'enseignement d'Augustin GROSSELIN, 1 volume in-16, avec figures ........ 1 fr. »

**Enseignement de la lecture** (Instruction pour l'), explication de tous les exercices, *livre du maître* ........ 0 50

**Enseignement de la lecture** rendu attrayant et rapide, *livre de l'élève* ... 0 35

**Exercices gradués de lecture**, d'après l'ordre adopté par la méthode phonomimique ........ 0 60

**Grands gestes**, 32 images des gestes et lettres pour l'enseignement simultané d'une classe, en deux tableaux. (Nouvelle édition.) ........ 0 50

*Les mêmes*, découpés et collés sur carte ........ 1 50

**Tableau préparatoire à la lecture** (sons et articulations groupés par équivalents) ........ 0 25

**Alphabet phonomimique**, une feuille renfermant 32 petites images des gestes et lettres ........ 0 25

**Vingt-six tableaux de lecture**, contenant 500 mots disposés en exercices gradués, et pouvant en former 850 par des permutations faciles à opérer, imprimés en gros caractères; en feuilles ........ 3 »

*Les mêmes*, collés sur carton et coupés en colonnes avec support en bois pour le rapprochement des colonnes ........ 10 »

**Exercices élémentaires de français et de calcul** à l'usage des salles d'asile et des petites classes, *livre du maître*, 0 fr. 30 ; *livres de l'élève*, 0 fr. 10 et ........ 0 15

**Sténographie appliquée à l'étude de l'orthographe**, 1 vol. in-8° obl. 1 »

**Tableau mural de sténographie**, une feuille ........ 0 40

**Scènes de l'enfance**, grand album de la phonomimie, 32 gravures sur bois, dessins par Tiret-Bognet ........ 4 50

## OUVRAGES DE Mlle GAUDON

**Récits enfantins**, textes explicatifs servant de lecture courante et correspondant aux 32 éléments phonétiques, personnifiés par la phonomimie, dessins par Tiret-Bognet ........ 2 50

**Premiers exercices de calcul** et petits problèmes raisonnés, gr. in-18 br.. 1 »

Paris-Auteuil. — Imp. des Apprentis orphelins. Roussel, 40, rue La Fontaine.

www.ingramcontent.com/pod-product-compliance
Ingram Content Group UK Ltd.
Pitfield, Milton Keynes, MK11 3LW, UK
UKHW020950180726
13838UKWH00003B/1233